PAWLAK JUGENDBUCH

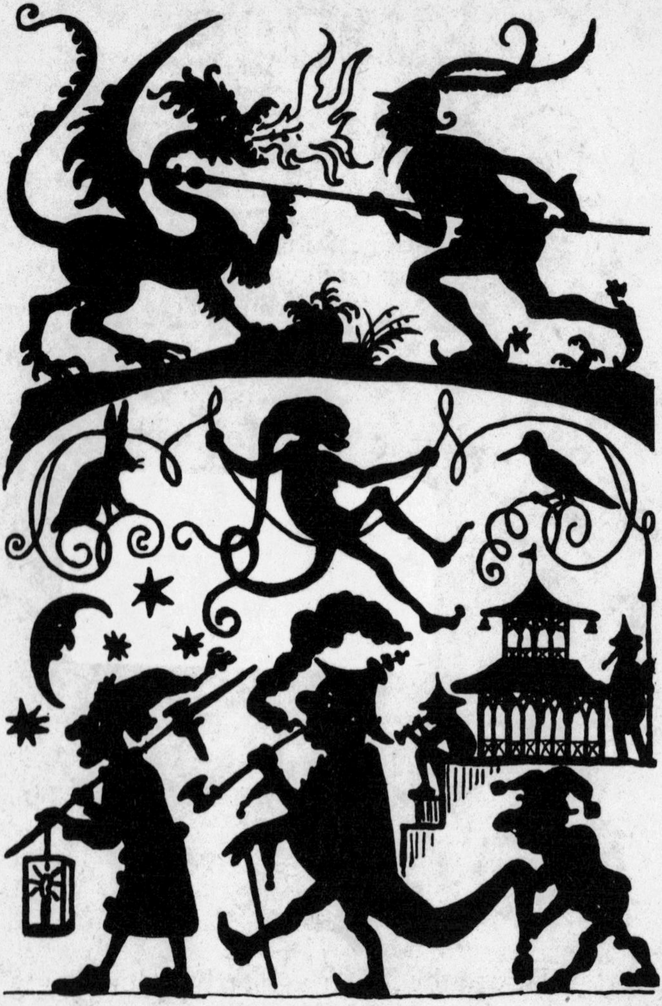

# Lustige Gesellschaft

Reime, Märchen und viele Bilder
aus dem „Münchener Bilderbogen"
von Franz Graf von Pocci

Pawlak Taschenbuch Verlag, Berlin, Herrsching

Herausgegeben von René Rilz

© 1984 Manfred Pawlak-Taschenbuch-Verlagsgesellschaft mbH,
Berlin, Herrsching
Alle Rechte vorbehalten, insbesondere das Recht des Nachdrucks in Zeitungen
und Zeitschriften, des öffentlichen Vortrages, der Verfilmung oder Dramatisierung, der Übertragung durch Rundfunk oder Fernsehen, auch einzelner Bild-
oder Textteile.
Sämtliche Weltrechte vorbehalten.
Gesamtherstellung Elsnerdruck GmbH, Berlin
Printed in Germany.
ISBN 3-8224-0512-4

## Inhalt

Bilderbogen-Alphabet . . . . . . . . . . . 7
Fundevogel. Ein Märchen der Brüder Grimm . . 19
Gute Jagd. Schattenspiel . . . . . . . . 28
Hasenleben. Schattenspiel . . . . . . 31
Aus der Ritterzeit. Schattenspiel . . . . . . 34
Das Märlein vom kleinen Frieder mit der Geige . 35
Sprüche für Kinder . . . . . . . . . . . 39
Reich und arm. Schattenspiel . . . . . . 46
Jahrmarkt in Dingsda. Schattenspiel . . . . 48
Die Geschichte vom Peter,
der die Schule versäumt hat . . . . . . . 51
Komische Szenen . . . . . . . . . 58
Blaubart. Ein Märchen . . . . . . . . 63

Bilder und Sprüche . . . . . . . . . . 69
König Drosselbart
Ein Märchen der Brüder Grimm . . . . . 72
Das Einmaleins in Reimen und Bildern . . . 85
Zwei Kasperlstücke:
Kasperl bei den Menschenfressern . . . . . 109
Kasperl auf der Jagd . . . . . . . . . 118
Nachwort: Pocci – Künstler und Kinderfreund . 124

Die Titel der Schattenspiele stammen vom Herausgeber.
Das Frontispiz wurde dem Buch „Der Osterhas" entnommen, Text und Bilder von „Kasperl auf der Jagd" stammen aus „Poccis Lustiges Bilderbuch" und der Text zu „Kasperl bei den Menschenfressern" aus „Was du willst".

Verlag und Herausgeber danken der Monacensia-Abteilung der Stadtbibliothek München, die uns freundlicherweise die Bildvorlagen zur Verfügung stellte.

# Bilderbogen-Alphabet

*A* ist bekannt für alt und jung
als Zeichen der Verwunderung.

Im Walde läuft ein schwarzer *Bär*,
den fürchten alle Kinder sehr.

**Den *Chinesen* wächst am Kopf
ein ganz allerliebster Zopf.**

**Dudelsack blasen auf eigenem Bauch
ist eine selt'ne Kunst wohl auch.**

Das *Einhorn*, gar ein wildes Tier,
seht treu ihr abgebildet hier.

Die *Fahne* trägt der Grenadier,
sie ist des Regimentes Zier.

Den *Gärtner* darf es nicht verdrießen,
die Blumen täglich zu begießen.

Es sitzt ein Has' im grünen Gras,
das ist für den *Hanswurstl* was.

Wie oft ging einer auf die *Jagd*,
hat aber nichts mit heimgebracht.

*Kaminfeger* als wie die Kräh'n
in ganz pechschwarzen Röcklein geh'n.

Der *Luftballon* fliegt in die Höh',
fällt wer herab, tut er sich weh.

Der *Müller* und sein treues Tier
sind an der Mühl' zu sehen hier.

Sonst trugen die *Narren* ein Schellengewand,
jetzt wird ohne Klingeln ein jeder erkannt.

Am *Ofen* sitzen jung und alt,
wenn es im Winter ist sehr kalt.

Was *Pantalon* und *Pierrot* machen,
gibt im Theater viel zu lachen.

Der müde Wand'rer sucht *Quartier*
und sehnet sich nach Brot und Bier.

Die *Räuber* haben bei Tag und Nacht
schon viele Leute umgebracht.

Die einen in der *Schule* schwitzen,
die andern in den Kissen sitzen.

Ein Bube guckt ins *Tintenfaß*,
hineinzufallen wär' kein Spaß.

Will jemand wissen, wieviel *Uhr*,
muß er schau'n zum Turme nur.

Der *Vogelfänger* bringt Vögelein,
viel lustig Völklein, groß und klein.

Der *Wächter* auf dem Turme steht,
die Wiege wickel-wackel geht.

Man findet in dem deutschen Stil
das *X* und *Y* nicht viel.

Dies sind die vielberühmten *Zwerge*,
die hausen noch im Untersberge.

# Fundevogel.

Es war einmal ein Förster, der ging in den Wald auf die Jagd, und wie er in den Wald kam, hörte er schreien, als ob's ein kleines Kind wäre. Er ging dem Schreien nach und kam endlich zu einem hohen Baum, und oben darauf saß ein kleines Kind. Es war aber die Mutter mit dem Kinde unter dem Baum eingeschlafen, und ein Raubvogel hatte das Kind in ihrem Schoße gesehen. Da war er hinzugeflogen, hatte es mit seinem Schnabel weggenommen und auf den hohen Baum gesetzt.

Der Förster stieg hinauf, holte das Kind herunter und dachte: „Du willst das Kind mit nach Haus nehmen und mit deinem Lenchen zusammen aufziehn." Er brachte es also heim, und die zwei Kinder wuchsen miteinander auf. Das aber, das auf dem Baum gefunden worden war und weil es ein Vogel weggetragen hatte, wurde Fundevogel geheißen. Fundevogel und Lenchen hatten sich so lieb, nein so lieb, daß, wenn eins das andere nicht sah, es traurig ward.

Der Förster hatte aber eine alte Köchin, die nahm eines Abends zwei Eimer und fing an, Wasser zu schleppen, und ging nicht einmal, sondern vielemal hinaus an den Brunnen. Lenchen sah es und sprach: „Hör einmal, alte Sanne, was trägst du denn so viel Wasser zu?"

„Wenn du's keinem Menschen wiedersagen willst, so will ich dir's wohl sagen." Da sagte Lenchen, nein, sie wollte es keinem Menschen wiedersagen. So sprach die Köchin: „Morgen früh, wenn der Förster auf der Jagd ist, da koche ich das Wasser, und wenn's im Kessel

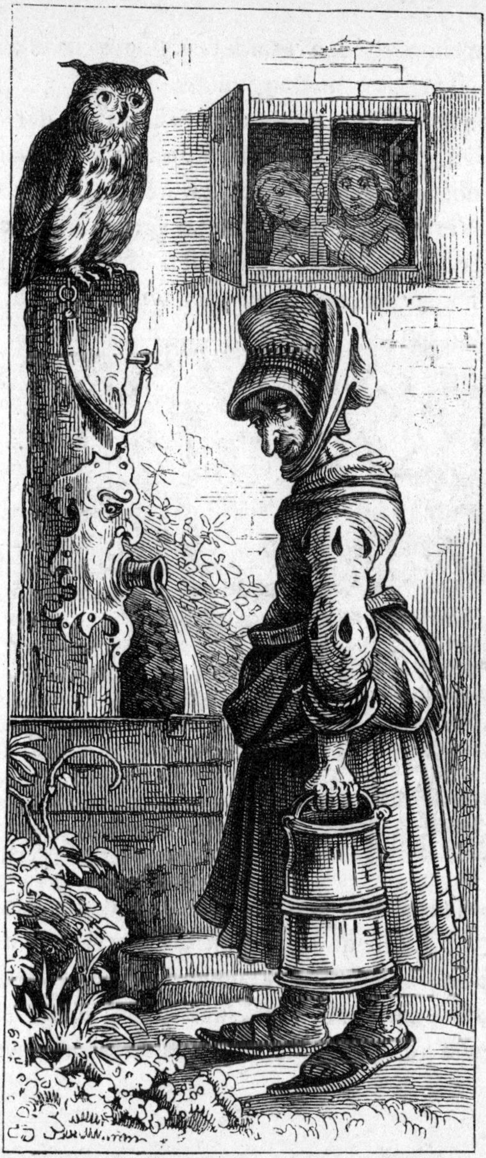

siedet, werfe ich den Fundevogel 'nein und will ihn darin kochen."

Des andern Morgens in aller Frühe stieg der Förster auf und ging auf die Jagd, und als er weg war, lagen die Kinder noch im Bett. Da sprach Lenchen zum Fundevogel: „Verläßt du mich nicht, so verlass' ich dich auch nicht." So sprach der Fundevogel: „Nun und nimmermehr." Da sprach Lenchen: „Ich will es dir nur sagen,

die alte Sanne schleppte gestern abend so viele Eimer Wasser ins Haus, da fragte ich sie, warum sie das täte, so sagte sie, wenn ich es keinem Menschen sagen wollte, so wollte sie es mir wohl sagen. Sprach ich, ich wollte es gewiß keinem Menschen sagen. Da sagte sie, mor-

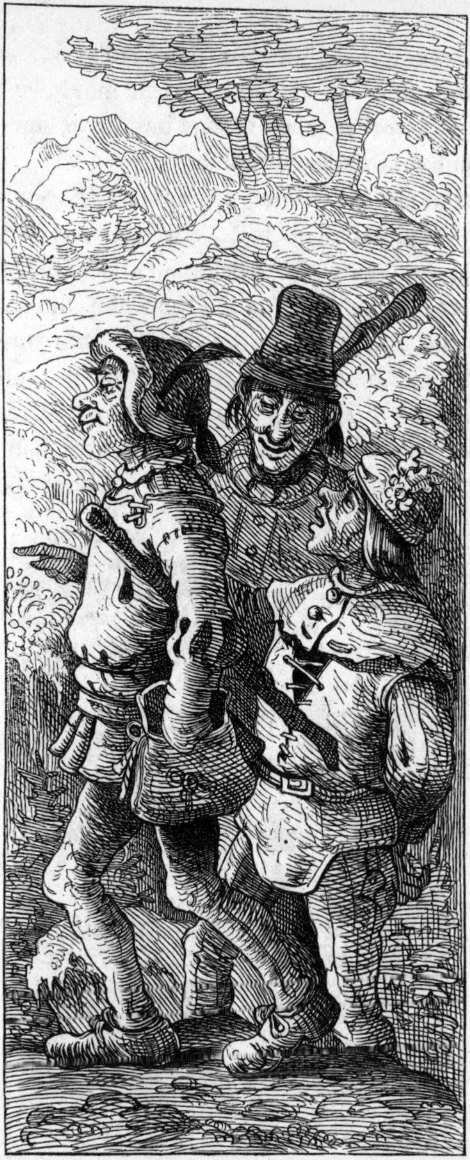

gen früh, wenn der Vater auf der Jagd wäre, wollte sie den Kessel voll Wasser sieden, dich hineinwerfen und kochen. Wir wollen aber geschwind aufstehen, uns anziehen und zusammen fortgehen."

Also standen die beiden Kinder auf, zogen sich geschwind an und gingen fort. Wie nun das Wasser im Kessel kochte, ging die Köchin in die Schlafkammer, wollte den Fundevogel holen und ihn hineinwerfen. Aber als sie hineinkam und zu den Betten trat, waren die Kinder alle beide fort. Da wurde ihr grausam angst, und sie sprach zu sich: „Was will ich nun sagen, wenn der Förster heimkommt und sieht, daß die Kinder weg sind? Geschwind hintennach, daß wir sie wiederkriegen."

Da schickte die Köchin drei Knechte nach, die sollten laufen und die Kinder einfangen. Die Kinder aber saßen vor dem Wald, und als sie die drei Knechte von weitem laufen sahen, sprach Lenchen zum Fundevogel: „Verläßt du mich nicht, so verlass' ich dich auch nicht." So sprach Fundevogel: „Nun und nimmermehr." Da sagte Lenchen: „Werde du zum Rosenstöckchen und ich zum Röschen darauf." Wie nun die drei Knechte vor den Wald kamen, so war nichts da als ein Rosenstrauch und ein Röschen obendrauf, die Kinder aber nirgend.

Da sprachen sie: „Hier ist nichts zu machen" und gingen heim und sagten der Köchin, sie hätten nichts in der Welt gesehen als nur ein Rosenstöckchen und ein Röschen obendrauf. Da schalt die alte Köchin: „Ihr Einfaltspinsel, ihr hättet das Rosenstöckchen sollen entzweischneiden und das Röschen abbrechen und mit nach Haus bringen, geschwind und tut's."

Sie mußten also zum zweitenmal hinaus und suchen. Die Kinder sahen sie aber von weitem kommen, da sprach Lenchen: „Fundevogel, verläßt du mich nicht, so verlass' ich dich auch nicht." Fundevogel sagte: „Nun und nimmermehr." Sprach Lenchen: „So werde du eine Kirche und ich die Krone darin." Wie nun die drei Knechte dahinkamen, war nichts da als eine Kirche und eine Krone darin. Sie sprachen also zueinander: „Was sollen wir hier machen, laßt uns nach Hause gehen."

Wie sie nach Haus kamen, fragte die Köchin, ob sie

nichts gefunden hätten. So sagten sie nein, sie hätten nichts gefunden als eine Kirche, da wäre eine Krone darin gewesen. „Ihr Narren", schalt die Köchin, „warum habt ihr nicht die Kirche zerbrochen und die Krone mit heimgebracht?"

Nun machte sich die alte Köchin selbst auf die Beine und ging mit den drei Knechten den Kindern nach. Die Kinder sahen aber die drei Knechte von weitem kommen, und die Köchin wackelte hintennach. Da sprach Lenchen: „Fundevogel, verläßt du mich nicht, so verlass' ich dich auch nicht." Da sprach der Fundevogel: „Nun und nimmermehr." Sprach Lenchen: „Werde zum

Teich und ich die Ente drauf." Die Köchin aber kam herzu, und als sie den Teich sah, legte sie sich drüberhin und wollte ihn aussaufen. Aber die Ente kam schnell geschwommen, faßte sie mit ihrem Schnabel beim Kopf und zog sie ins Wasser hinein. Da mußte die alte Hexe ertrinken. Da gingen die Kinder zusammen nach Haus und waren herzlich froh; und wenn sie nicht gestorben sind, leben sie noch.

## Gute Jagd

Es zieht beim heißen Sonnenstrahl
der Hirsch zur Kühlung in das Tal.

O weh! Es ist ein Schuß gescheh'n;
nun könnt den Hirsch ihr fallen seh'n.

Der Jäger mit dem grünen Hut
freut sich, daß er getroffen gut.

Da bringen sie den Hirsch einher,
und es erfreu'n sich alle sehr.

Vivat, es leb der Schütze hoch
und schieße manches Hirschlein noch.

## Hasenleben

Da springet auf dem grünen Rasen
das lust'ge Volk der Sommerhasen.

An Kraut und Rüben gern sie nagen,
das will dem Bauer nicht behagen.

Wie schnell tut so ein Häslein laufen,
setzt sich bisweilen zum Verschnaufen.

Wenn's einen Klappermann erblickt,
das arme Häslein arg erschrickt.

Und kommt der Jäger mit dem Gewehr,
ach!, da erschrickt es noch viel mehr.

Guten Morgen, guten Morgen, mein Herr Koch,
da bring' ich euch zwei Braten noch.

Pasteten, Fasanen und Salat
nicht jeder auf seinem Tische hat.

## *Aus der Ritterzeit*

Der Drach' speit Feuer- und Höllendampf,
da zieht der Ritter gleich zum Kampf.

Setzt sich auf seinen mut'gen Rappen,
ihm folgen zu Fuß die tapf'ren Knappen.

So glänzt die Burg im Abendschein,
als Sieger zieht der Ritter ein!

## *Das Märlein vom kleinen Frieder mit der Geige*

Es war einmal ein kleines, krummbeiniges Bürschlein, dem seine Eltern früh gestorben waren. Da verdingte sich der Frieder – so hieß das Bürschlein – bei einem Bauersmann. Nach drei Jahren hatt' er's aber genug und wollte weiterwandern. Er begehrte von seinem Herrn den Lohn und erhielt auch für jedes Dienstjahr ein Hellerlein, das waren also drei Hellerlein. Die steckte er in einen ledernen Beutel, schied von Bauer und Bäuerin und ging seines Weges.

Da führte ihn dieser an einem Berg vorbei in eine Felsschlucht, wo der Berggeist Nebelkapp gern die Wanderer foppte und anhielt. Solches geschah auch dem Frieder, und er mußte seine drei Hellerlein hergeben, mir nichts, dir nichts. Der Berggeist Nebelkapp schenkte ihm aber dafür ein gutes Vogelrohr, eine Geige, nach der jedweder springen und tanzen mußte, mochte er wollen oder nicht, und verlieh ihm noch die Gabe, daß seine erste Bitte nicht abgeschlagen werden konnte. Der Handel war nicht schlecht.

Es dauerte nicht lange, so sah Frieder einen Mann mit langem Bart unter einem hohen Baum stehen, darauf ein goldenes Vögelein gar wunderschön sang. Der Mann aber sagte immer vor sich hin: „Tausend-Element, könnt' ich doch den Vogel haben!" Der kleine Frieder besann sich nicht lange und schoß mit seinem Rohr das Tierlein herab; es fiel in einen Dornstrauch.

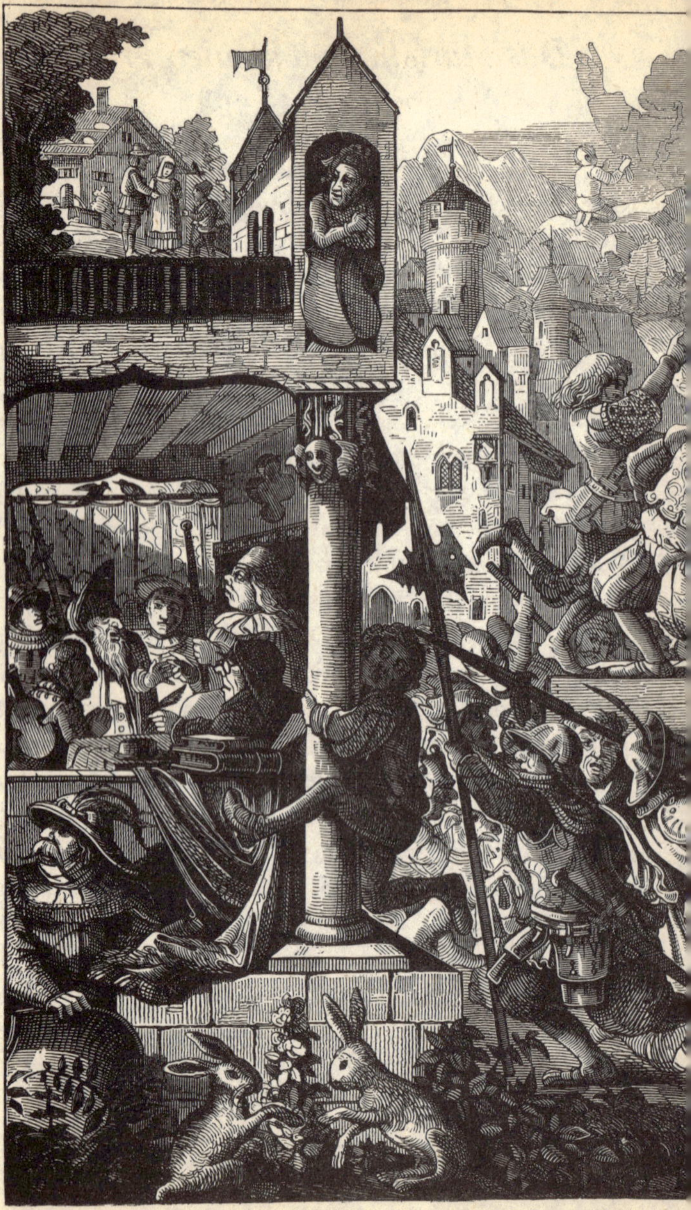

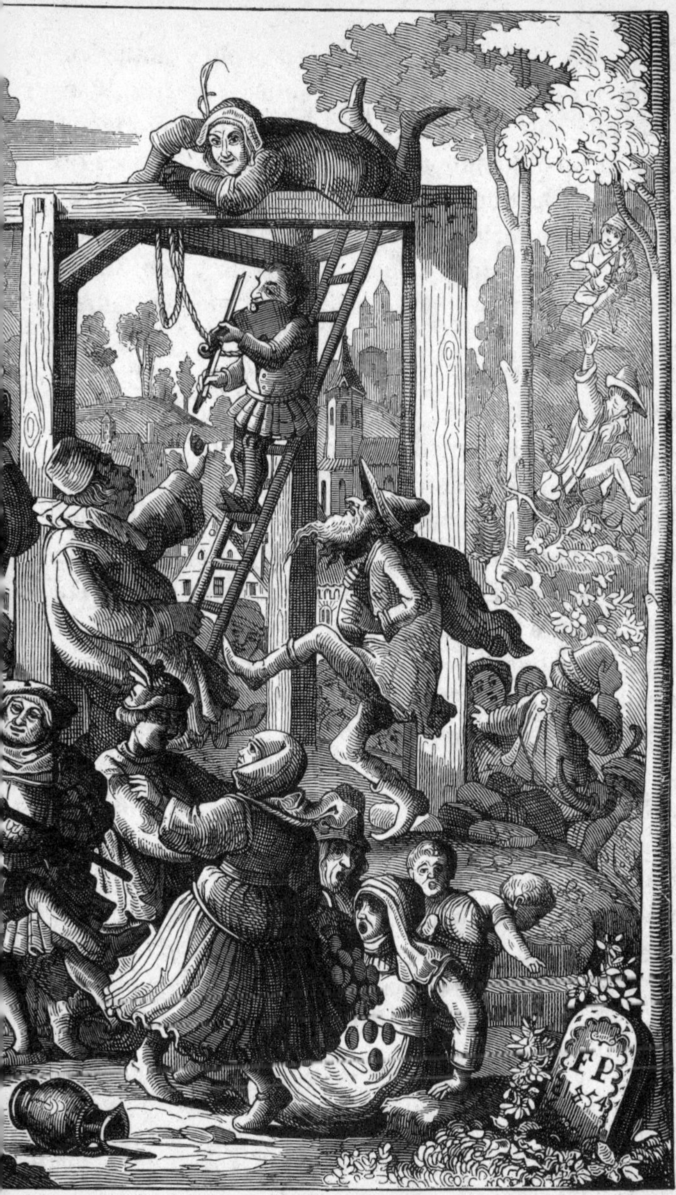
FP

Der Fremde lief gleich herzu und wollt's aufheben. Da fing das Bürschlein zu geigen an und sprach: „Warte, ich spiel' dir eins dazu auf!" Der Mann sprang auf und ab, denn er konnte nicht anders. Am Dornbusch riß es ihm aber Bart und Kleider hin und her, und das Gesicht ward ihm auch verkratzt. „O weh, o weh!" schrie er, „hör auf mit dem Fiedeln! Ich will dir einen Beutel mit Gold geben, wenn du mich nicht weiter tanzen läßt!"

Da hört der Frieder das Geigen und der Mann das Tanzen auf. Jeder geht seines Weges, und der Frieder ist um seinen Musikantenlohn froh.

Der Gauner aber läuft zum Richter und läßt den Geiger packen, als ob der ihm den Beutel mit Gold gestohlen habe. Das Verhör war nicht lang, und der arme Frieder stand kurz darauf schon unter dem Galgen. Da bat er den Richter, er möge ihn noch einmal geigen lassen. Der konnt' es ihm nicht abschlagen. Da fingen nun alle zu tanzen an: Richter, Henker, Büttel, die Wachtknechte und jung und alt, und der Gauner mußte auch wieder mitspringen.

„Hör auf, hör auf!" schrie der Richter, „du sollst frei sein, ich gelob' dir's!" Und als er vom Tanz verschnauft hatte, ging's über den Ankläger her; denn der hatte das Gold vorher gestohlen gehabt und ward als ein Erzgauner erkannt. Für ihn war nun der Galgen gerade recht. Der Frieder aber ging fröhlich von dannen und verdiente sich ehrlich sein Brot, denn wo er geigte, da ging's lustig her.

Einmal aber starb der kleine Frieder, doch nicht wie der andere am Galgen. Er wurde ehrlich begraben, und als man ihn in die Grube senkte, da sprangen alle Saiten auf seiner Fiedel.

**D**er Ritter reitet zum Turnier
auf hohem Roß in Waffenzier.
Sein Wappenherold ihm zur Seite
und Knappen geben das Geleite.

**D**a schaut doch her,
der Korb, wie schwer!
Waldweiblein muß sich bücken,
drei Büblein auf dem Rücken.

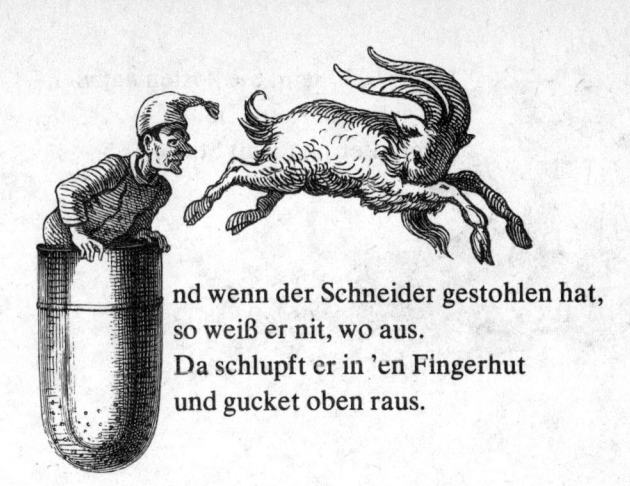

nd wenn der Schneider gestohlen hat,
so weiß er nit, wo aus.
Da schlupft er in 'en Fingerhut
und gucket oben raus.

ur Winterzeit,
da heizt man ein,
im Sommer
wärmt der Sonnenschein.

Kauft Blümlein! Sie kosten net viel,
wir geben umsonst sie
   mit Stern und mit Stiel.

Möchte gern ein Fischlein fangen,
bleibt mir aber keines hangen.

Die Mühle klappert,
das Büblein plappert,
tipp tapp, tipp tapp!
Klipp klapp, klipp klapp!

weh, das Vögelein ist tot!
Wer singet jetzt
 beim Morgenrot?
Wer singt im gold'nen
 Abendschein?
Wir graben's unter Rosen ein.

Wenn man die Blumen
 nicht begießt,
so sterben sie,
 weil sie's verdrießt.

Im Walde steht
 ein kleines Haus,
da guckt ein altes
 Weible raus.

Schwimm doch, schwimm!
Kann nit sein,
ist ja's Wänneli zu klein!

Schau nit um,
der Fuchs geht rum!

## Reich und arm

Seht hier den Dom aus alter Zeit
in seiner Wunderherrlichkeit.

Um solches Monument zu seh'n,
will mancher Lord auf Reisen geh'n.

Das Posthorn schallt, es hört's der Wirt,
der gleich den Lord aufs Zimmer führt.
Verlanget der dann seine Zeche,
denkt sich der Wirt: Jetzt, Lord, jetzt bleche!

Doch Handwerksburschen, müd und arm,
marschieren her, daß Gott erbarm,
Und kommen sie, kräht schon der Hahn,
und Bauers Hündlein kläfft sie an.

# *Jahrmarkt in Dingsda*

Der Jahrmarkt bietet manchen Spaß,
Seiltänzer oder sonst etwas.

Zum Beispiel: Affen und Dromedar,

zur Trommel tanzt ein Brummbär gar.

Ein Springer auf dem Pferde steht,
das im Galoppe ringsum geht.

Das allerliebste ist mir doch,
wenn Kasperl guckt aus seinem Loch.

## Die Geschichte vom Peter, der die Schule versäumt hat

Der Peter soll in die Schule geh'n,
möcht aber gern entwischen.
Davon schleicht er sich auf leisen Zeh'n,
um an dem See zu fischen.

Der Lehrer sieht den Peter nicht
und fragt das Nachbarskind:
„Wo ist denn Peter, der faule Wicht,
wo bleibt er, sag's geschwind!"
„Ich weiß es nicht, ich weiß es nicht",
sogleich das Mädchen darauf spricht.


Der Peter kommt am See nun an,
am Ufer steht ein Fischerkahn.
Da setzt er sich geschwind hinein
und fährt zu einem großen Stein.


Viel' Fische schwimmen in der Flut,
gesotten wären sie wohl gut;
gebraten und gebacken auch
und schwarz geröstet in dem Rauch.


Der Peter denkt an solchen Schmaus,
wirft gierig seine Angel aus.
Und von der Menge ganzem Troß
beißt gleich ein Fisch an, riesengroß.
Und Peter zieht und zieht und zieht,
damit der Fisch ihm nicht entflieht.


Doch Peter ist zu klein und schwach,
er muß dem Fisch ins Wasser nach.
Plumps! fällt der Bursche in den See
und hat kaum Zeit zu schrein': „O weh!"

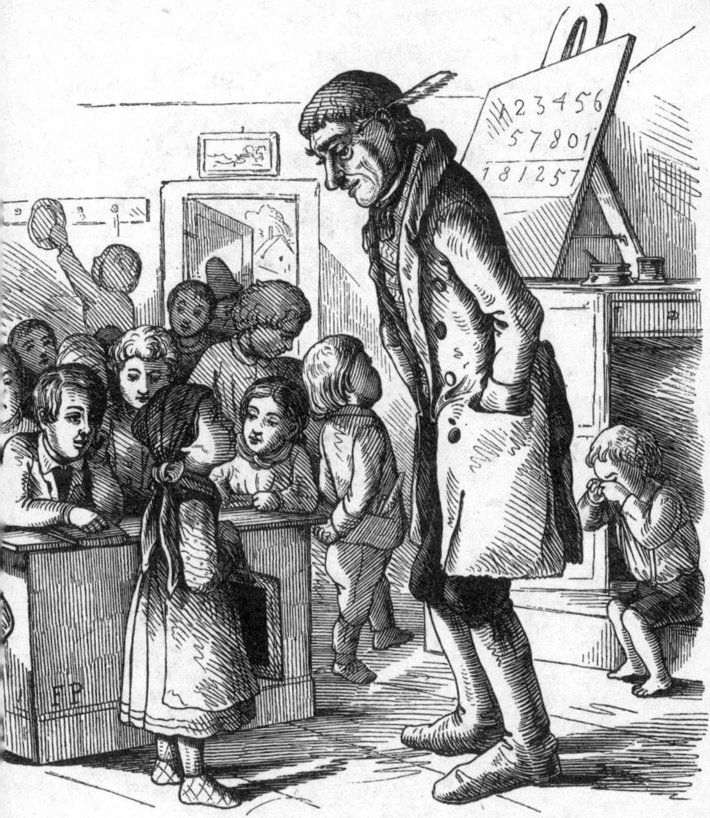
123456
57801
181257
FP

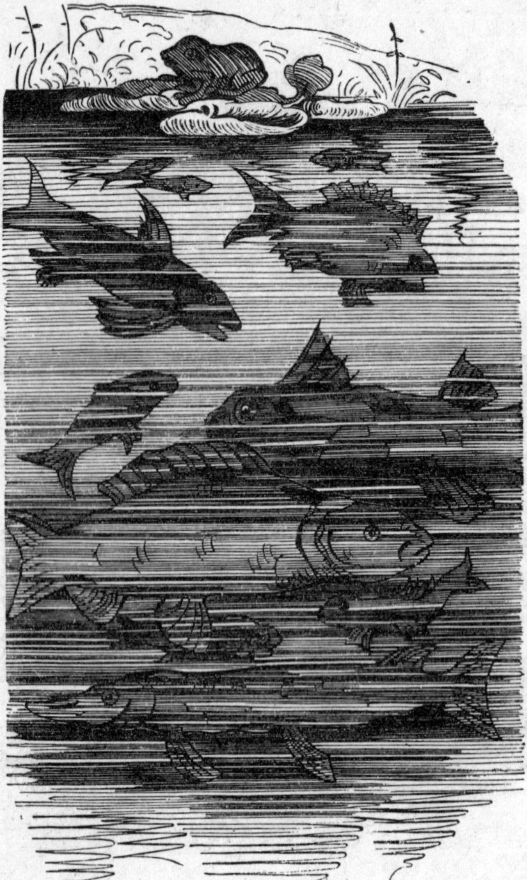

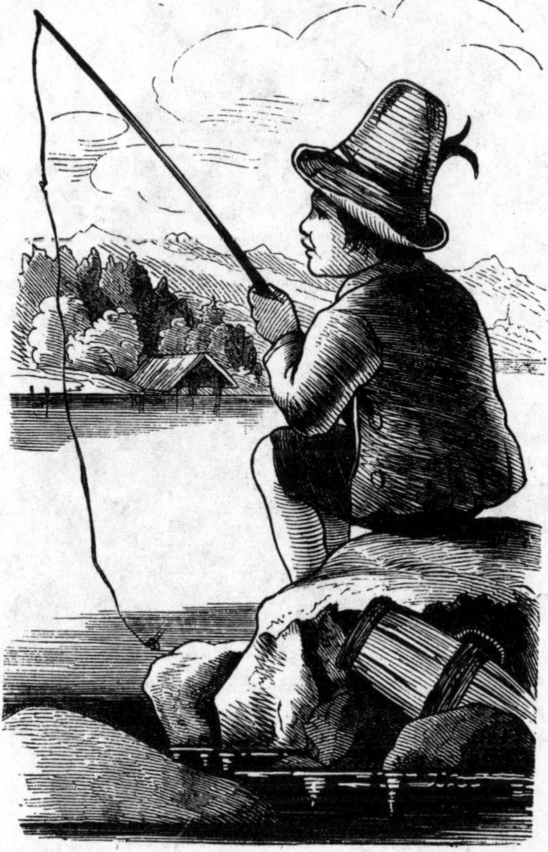

Da werfen zu derselben Zeit
zwei Fischer aus ihr Netz so weit,
daß Peter und der Fisch zugleich
hinschwammen in des Fangs Bereich.

Die Fischer ziehen an dem Strick:
„O welch ein Glück, o welch ein Glück!"
Das Netz ist ungeheuer schwer,
darüber freuen sie sich sehr.

Und bei den Fischen groß und klein,
die in dem Netz gefangen sein,
liegt mittendrin ganz leichenblaß
der kleine Peter watschelnaß.
Hätt' man ihn nicht im Netz getroffen,
wär' ohne Zweifel er ersoffen.
Zur Lehre nehmt euch die Geschicht':
Seid fleißig, fehlt die Schule nicht,
ihr würdet dann auch pudelnaß,
oder 's geschäh' euch sonst etwas.

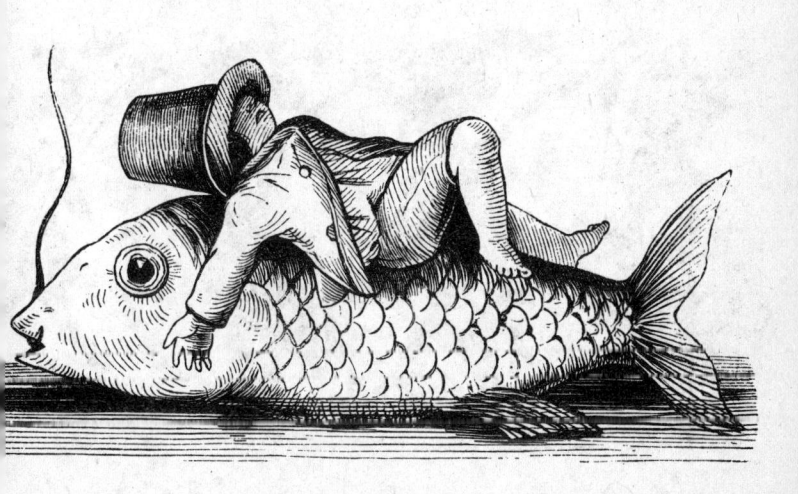

# Komische Szenen

59

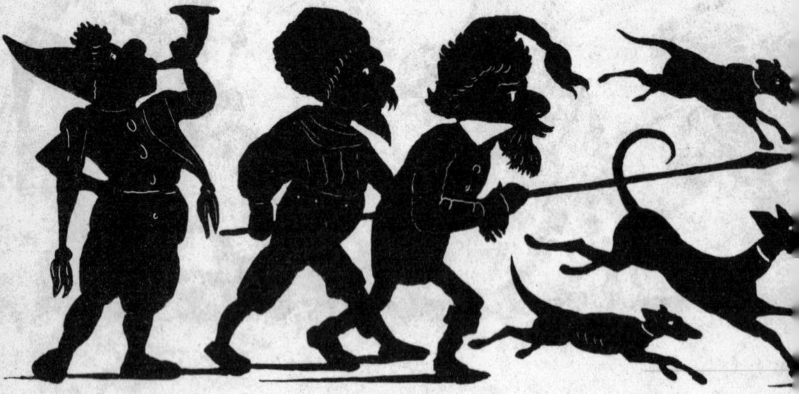

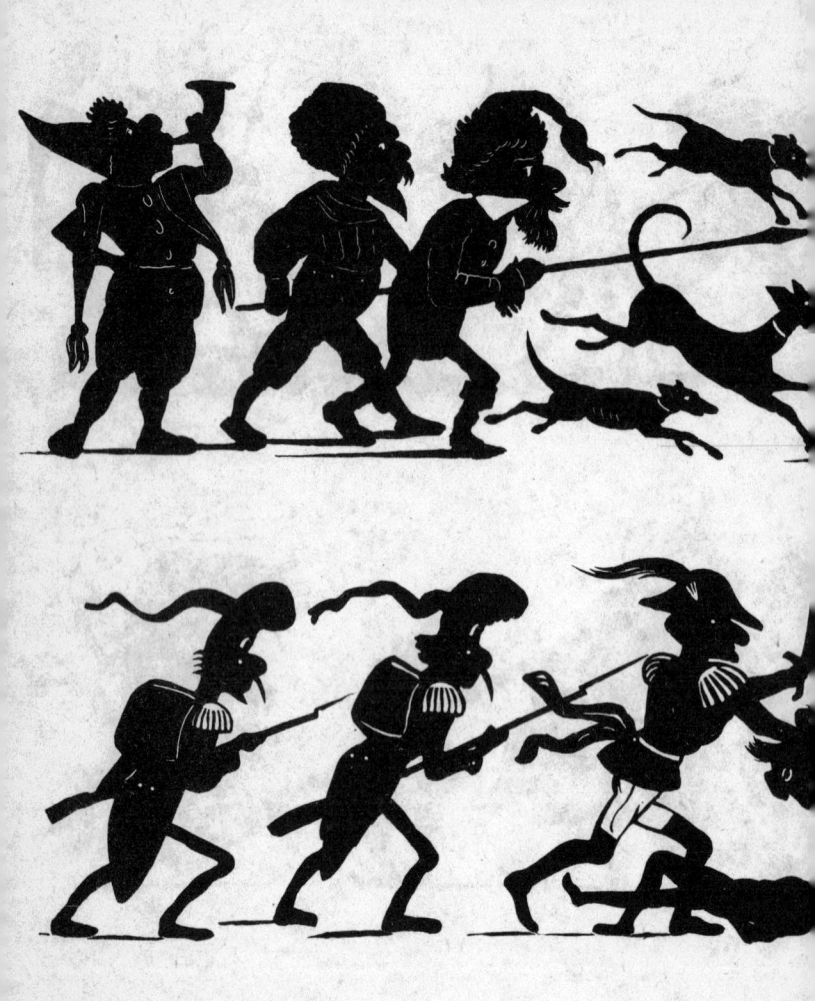

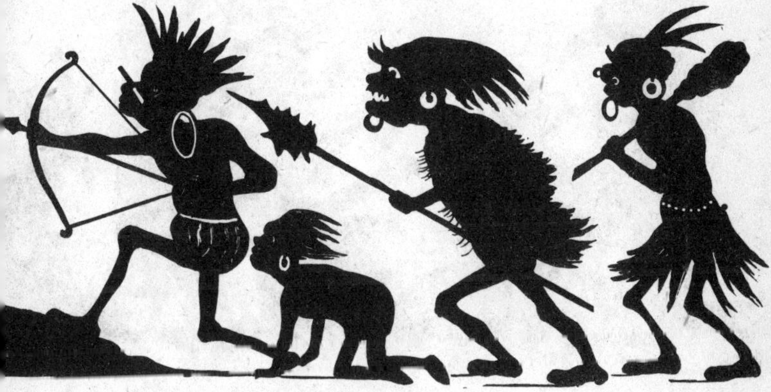

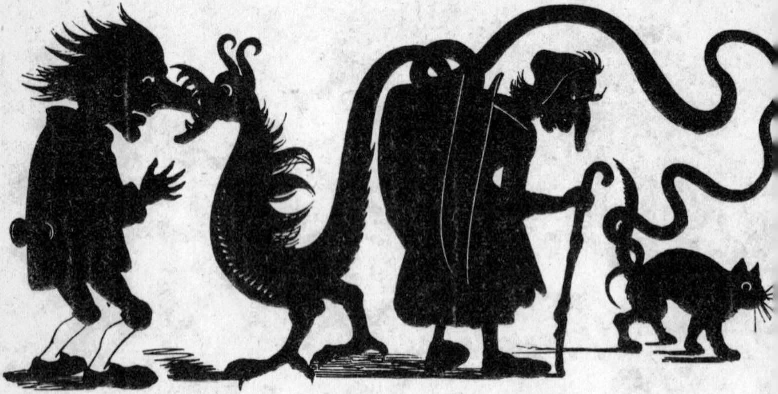

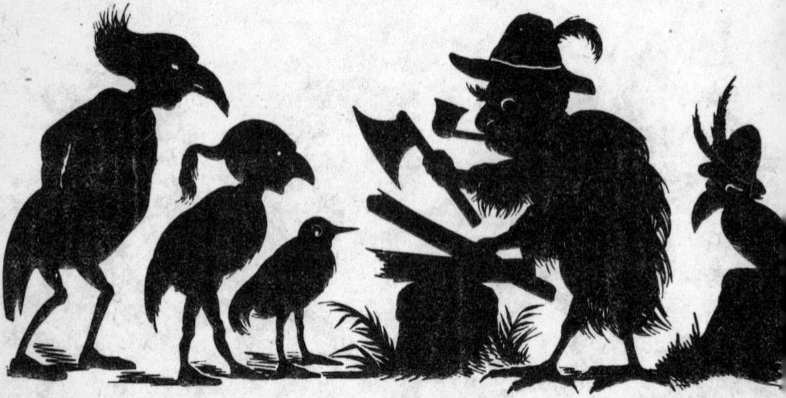

# Blaubart

Es war einmal ein Rittersmann, der war gar reich begütert und lebte auf seinem Schloß herrlich und in Freuden. Er hatte einen großen blauen Bart, weshalb ihn die Leute nur den Ritter Blaubart nannten. Blaubart war schon mehrere Male verheiratet; allein, seine Frauen starben immer schnell nacheinander, und niemand erfuhr, an was oder wohin sie gekommen.

Nun ehelichte er eines schönen Tages ein gar holdes Edelfräulein und hielt eine prächtige Hochzeit. Nach geraumer Zeit aber sagte er zu seiner jungen Gattin: „Ich muß verreisen und übergebe dir alles, Haus und Hof. Nur ein Gemach, wozu ich dir hier den Schlüssel gebe, ist dir verboten. Das betrete mir nicht, sonst kostet es dein Leben."

Als der Ritter fort war, besuchten die beiden Brüder und die Schwester der jungen Edelfrau diese in ihrer

Einsamkeit. Während die Brüder auf die Jagd ritten, beredete die Schwester die junge Frau, das verbotene Zimmer zu öffnen. Gesagt, getan; allein zu Tode erschrak diese, als sie in dem Gemach die früheren Frauen Blaubarts, teils enthauptet in ihrem Blut schwimmend, teils an den Wänden aufgehängt, fand. Der Schlüssel entfiel ihrer Hand, und sie konnte ihn nicht mehr reinigen von dem Blut, in das er gefallen war.

In dem Augenblick stürmte auch Blaubart wieder in das Schloß hinein. Unbarmherzig packte er die zitternde Gattin und befahl ihr, sich zum Tode vorzubereiten. Die Schwester aber eilte in ihrer Herzensangst auf den Söller und spähte nach Hilfe. Da rief die unglückliche Frau:

„Schwester, siehst du denn niemand?"

„Niemand!" klang die trostlose Antwort.

Und abermals rief jene: „Schwester, siehst du noch niemand?"

„Eine Staubwolke – aber ach, es sind Schafe", antwortete die Schwester.

Und zum dritten Male rief die Unglückliche: „Schwester, siehst du noch niemand?"

„Zwei Reiter seh' ich", klang es zurück, „sie sehen mein Notzeichen und reiten wie der Wind."

Da entsprang die Frau todesmutig den Händen Blaubarts und warf die Zimmertür ins Schloß. Indessen eilten die Brüder wie der Blitz herbei und kamen eben dazu, wie der Ritter die Tür sprengte und mit gezücktem Schwert in das Zimmer drang. Nach kurzem Kampf streckten die Brüder den Unhold zu Boden, wo er tot liegenblieb, und eilten mit den Schwestern von dannen.

Das Schloß aber verfiel, und kein menschlicher Fuß hat es je mehr betreten.

# *Bilder und Sprüche*

Wer zugleich zwei Hasen hetzt,
bringt nicht einen heim zuletzt.

Hab' ein Vögele gefangen
im Federbett,
hab's in' Arm 'nein g'nommen,
hab's lieb g'hät!

Ist ein Mann in' Brunnen gefallen,
hab' ihn hören plumpen.
Wär' der Narr nit 'neingefallen,
wär' er nit ertrunken.

Dort oben auf dem Baume,
gebt acht,
da sitzt versteckt die Pflaume
und lacht.
Nun stellt euch alle unter
den Baum und rüttelt munter
und schüttelt sie herunter,
daß es kracht!

Ein König hatte eine Tochter, die war über alle Maßen schön, aber dabei so stolz und übermütig, daß ihr kein Freier gut genug war. Sie wies einen nach dem andern ab und trieb noch dazu Spott mit ihnen. Einmal ließ der König ein großes Fest anstellen und ladete

dazu aus der Nähe und Ferne die heiratslustigen Männer ein. Sie wurden alle in eine Reihe nach Rang und Stand geordnet; erst kamen die Könige, dann die Herzöge, die Fürsten, Grafen und Freiherrn, zuletzt die Edelleute. Nun ward die Königstochter durch die Reihen geführt, aber an jedem hatte sie etwas auszusetzen. Der eine war ihr zu dick, „das Weinfaß!" sprach sie. Der andere zu lang, „lang und schwank hat keinen Gang". Der dritte zu kurz, „kurz und dick hat kein Geschick". Der vierte zu blaß, „der bleiche Tod!", der fünfte zu rot, „der Zinshahn!", der sechste war nicht gerad genug, „grünes Holz, hinterm Ofen getrocknet!" Und so hatte sie an einem jeden etwas auszusetzen, besonders aber machte sie sich über einen guten König lustig, der ganz oben stand und dem das Kinn ein wenig krumm gewachsen war. „Ei", rief sie und lachte, „der hat ein Kinn wie die Drossel einen Schnabel." Und seit der Zeit bekam er den Namen Drosselbart. Der alte König aber, als er sah, daß seine Tochter nichts tat als über die Leute spotten, und alle Freier, die da versammelt waren, verschmähte, ward zornig und schwur, sie sollte den ersten besten Bettler zum Manne nehmen, der vor seine Tür käme.

Ein paar Tage darauf hub ein Spielmann an, unter dem Fenster zu singen, um damit ein geringes Almosen zu verdienen. Als es der König hörte, sprach er: „Laßt ihn heraufkommen." Da trat der Spielmann in seinen schmutzigen, verlumpten Kleidern herein, sang vor dem König und seiner Tochter und bat, als er fertig war, um eine milde Gabe. Der König sprach: „Dein Gesang hat mir so wohl gefallen, daß ich dir meine Tochter da zur Frau geben will." Die Königstochter erschrak, aber der König sagte: „Ich habe den Eid getan, dich dem ersten besten Bettelmann zu geben, den will ich auch halten." Es half keine Einrede, der Pfarrer ward geholt, und sie mußte sich gleich mit dem Spielmann trauen lassen. Als das geschehen war, sprach der König: "Nun schickt sich's nicht, daß du als ein Bettelweib noch länger in meinem Schloß bleibst, du kannst nun mit deinem Manne fortziehen."

Der Bettelmann führte sie an der Hand hinaus, und sie mußte mit ihm zu Fuß fortgehen. Als sie in einen großen Wald kamen, da fragte sie:

"Ach, wem gehört der schöne Wald?"
"Der gehört dem König Drosselbart.
Hätt'st du'n genommen, so wär er dein."
"Ich arme Jungfer zart,
ach, hätt' ich genommen den König Drosselbart!"

Darauf kamen sie über eine Wiese, da fragte sie wieder:

"Wem gehört die schöne grüne Wiese?"
"Sie gehört dem König Drosselbart.
Hätt'st du'n genommen, so wär sie dein."
"Ich arme Jungfer zart,
ach, hätt' ich genommen den König Drosselbart!"

Dann kamen sie durch eine große Stadt, da fragte sie wieder:

"Wem gehört diese schöne große Stadt?"
"Sie gehört dem König Drosselbart.
Hätt'st du'n genommen, so wär sie dein."

„Ich arme Jungfer zart,
    ach, hätt' ich genommen den König Drosselbart!"

„Es gefällt mir gar nicht", sprach der Spielmann, „daß du dir immer einen andern zum Mann wünschest. Bin ich dir nicht gut genug?" Endlich kamen sie an ein ganz kleines Häuschen, da sprach sie:

„Ach Gott, was ist das Haus so klein!
Wem mag das elende winzige Häuschen sein?"

Der Spielmann antwortete: „Das ist mein und dein Haus, wo wir zusammen wohnen." Sie mußte sich bükken, damit sie zu der niedrigen Tür hineinkam. „Wo sind die Diener?" sprach die Königstochter. „Was Diener!" antwortete der Bettelmann, „du mußt selber tun, was du willst getan haben. Mach nur gleich Feuer an und stell Wasser auf, daß du mir mein Essen kochst. Ich bin ganz müde." Die Königstochter verstand aber nichts vom Feueranmachen und Kochen, und der Bettelmann mußte selber mit Hand anlegen, daß es noch so leidlich ging.

Als sie die schmale Kost verzehrt hatten, legten sie sich zu Bett, aber am Morgen trieb er sie schon ganz früh heraus, weil sie das Haus besorgen sollte. Ein paar Tage lebten sie auf diese Art schlecht und recht und zehrten ihren Vorrat auf. Da sprach der Mann: „Frau, so geht's nicht länger, daß wir hier zehren und nichts verdienen. Du sollst Körbe flechten." Er ging aus, schnitt Weiden und brachte sie heim. Da fing sie an zu flechten, aber die harten Weiden stachen ihr die zarten Hände wund. „Ich sehe, das geht nicht", sprach der Mann, „spinn lieber, vielleicht kannst du das besser." Sie setzte sich hin und versuchte zu spinnen, aber der harte Faden schnitt ihr bald in die weichen Finger, daß das Blut daran herunterlief. „Siehst du", sprach der Mann, „du taugst zu keiner Arbeit, mit dir bin ich schlimm angekommen. Nun will ich's versuchen und einen Handel mit Töpfen und irdenem Geschirr anfangen. Du sollst dich auf den Markt setzen und die Ware feilhalten."

„Ach", dachte sie, „wenn auf den Markt Leute aus meines Vaters Reich kommen und sehen mich da sitzen und feilhalten, wie werden sie mich verspotten!" Aber es half nichts, sie mußte sich fügen, wenn sie nicht Hungers sterben wollten. Das erstemal ging's gut, denn die Leute kauften der Frau, weil sie schön war, gern ihre Ware ab und bezahlten, was sie forderte; ja, viele gaben ihr das Geld und ließen ihr die Töpfe noch dazu.

Nun lebten sie von dem Erworbenen, solange es dauerte, da handelte der Mann wieder eine Menge neues Geschirr ein. Sie setzte sich damit an eine Ecke des Marktes und stellte es um sich her und hielt feil. Da kam plötzlich ein trunkener Husar dahergejagt und ritt geradezu in die Töpfe hinein, daß alles in tausend Scherben zersprang. Sie fing an zu weinen und wußte vor Angst nicht, was sie anfangen sollte. „Ach, wie wird mir's ergehen!" rief sie, „was wird mein Mann dazu sagen!" Sie lief heim und erzählte ihm das Unglück. „Wer setzt sich auch an die Ecke des Marktes mit irdenem Geschirr!" sprach der Mann. „Laß nur das Weinen, ich sehe wohl, du bist zu keiner ordentlichen Arbeit zu gebrauchen. Da bin ich in unseres Königs Schloß gewesen und habe gefragt, ob sie nicht eine Küchenmagd brauchen könnten, und sie haben mir versprochen, sie wollten dich dazu nehmen. Dafür bekommst du freies Essen."

Nun ward die Königstochter eine Küchenmagd, mußte dem Koch zur Hand gehen und die sauerste Arbeit tun. Sie machte sich in beiden Taschen ein Töpfchen fest, darin brachte sie nach Haus, was ihr von dem Übriggebliebenen zuteil ward, und davon nährten sie sich.

Es trug sich zu, daß die Hochzeit des ältesten Königssohnes sollte gefeiert werden, da ging die arme Frau hinauf, stellte sich vor die Saaltür und wollte zusehen. Als nun die Lichter angezündet waren und immer einer schöner als der andere hereintrat und alles voll

Pracht und Herrlichkeit war, da dachte sie mit betrübtem Herzen an ihr Schicksal und verwünschte ihren Stolz und Übermut, der sie erniedrigt und in so große Armut gestürzt hatte. Von den köstlichen Speisen, die da ein- und ausgetragen wurden und von welchen der Geruch zu ihr aufstieg, warfen ihr Diener manchmal ein paar Brocken zu, die tat sie in ihr Töpfchen und

wollte es heimtragen. Auf einmal trat der Königssohn herein, war in Samt und Seide gekleidet und hatte goldene Ketten um den Hals. Und als er die schöne Frau in der Tür stehen sah, ergriff er sie bei der Hand und wollte mit ihr tanzen, aber sie weigerte sich und erschrak, denn sie sah, daß es der König Drosselbart war, der um sie gefreit und den sie mit Spott abgewiesen

hatte. Ihr Sträuben half nichts, er zog sie in den Saal. Da zerriß das Band, an welchem die Taschen hingen, und die Töpfe fielen heraus, daß die Suppe floß und die Brocken herumsprangen. Und wie das die Leute sahen, entstand ein allgemeines Gelächter und Spotten, und sie war so beschämt, daß sie sich lieber tausend Klafter

unter die Erde gewünscht hätte. Sie sprang zur Tür hinaus und wollte entfliehen, aber auf der Treppe holte sie ein Mann ein und brachte sie zurück; und wie sie ihn ansah, war es wieder der König Drosselbart. Er sprach ihr freundlich zu: „Fürchte dich nicht, ich und der Spielmann, der mit dir in dem elenden Häuschen gewohnt hat, sind eins. Dir zuliebe habe ich mich so verstellt, und der Husar, der dir die Töpfe entzweigeritten hat, bin ich auch gewesen. Das alles ist geschehen, um deinen stolzen Sinn zu beugen und dich für deinen Hochmut zu strafen, womit du mich verspottet hast." Da weinte sie bitterlich und sagte: „Ich habe großes Unrecht getan und bin nicht wert, deine Frau zu sein." Er aber sprach: „Tröste dich, die bösen Tage sind vorüber, jetzt wollen wir unsere Hochzeit feiern." Da kamen die Kammerfrauen und taten ihr die prächtigsten Kleider an, und ihr Vater kam und der ganze Hof und wünschten ihr Glück zu ihrer Vermählung mit dem König Drosselbart, und die rechte Freude fing jetzt erst an. Ich wollte, du und ich, wir wären auch dabeigewesen.

## Das Einmaleins in Reimen und Bildern

Das alte Einmaleins, gar schwer,
kam sonst mit Schneckenpost daher
und zog nach manchem Reisetag
in eure Köpflein allgemach.

Jetzt aber hat die neue Zeit
erfunden ihm ein andres Kleid,
mit Dampf fliegt's nun in euch hinein,
das neubespannte Einmalein.

1 mal 1 ist eins,
ich bin der Gott des Weins.

2 mal 2 ist vier,
im Zorne brüllt der Stier.

2 mal 3 ist sechs,
zum Blocksberg fährt die Hex'.

2 mal 4 ist acht,
der Storch hat's Kind gebracht.

2 mal 5 ist zehn,
den Schnurrbart muß man dreh'n.

2 mal 6 ist zwölfe,
dem Schlitten folgen Wölfe.

2 mal 7 ist vierzehn,
den Kamm hab' ich als Zier steh'n.

2 mal 8 ist sechzehn,
ich kann bei Tag nicht recht seh'n.

2 mal 9 ist achtzehn,
der Hund muß auf der Jagd steh'n.

2 mal 10 ist zwanzig,
die Stadt sieht hier gut an sich.

3 mal 3 ist neun,
die Haut macht nicht den Leu'n.

3 mal 4 ist zwölf,
im Mondschein tanzt der Elf.

3 mal 5 ist fünfzehn,
man kann auch ohne Strümpf' geh'n.

3 mal 6 ist achtzehn,
Murr kann bei Tag und Nacht seh'n.

3 mal 7 ist einundzwanzig,
Marzipan kauf ein in Danzig.

3 mal 8 ist vierundzwanzig,
spielt Mama Klavier, so tanz' ich.

3 mal 9 ist siebenundzwanzig,
in den Sack will schieben die Gans ich.

3 mal 10 ist dreißig,
um Bergeshöhen kreis' ich.

4 mal 4 ist sechzehn,
Mut läßt sich im Gefecht seh'n.

4 mal 5 ist zwanzig,
Dächslein hat verrannt sich.

4 mal 6 ist vierundzwanzig,
mutvoll schwinge hier die Lanz' ich.

4 mal 7 ist achtundzwanzig,
meinen Grau'n führ' sacht am Schwanz ich.

4 mal 8 ist zweiunddreißig,
wie das Bienlein sei du fleißig.

4 mal 9 ist sechsunddreißig,
Schläg' gibt's für den Klecks, das weiß ich.

4 mal 10 ist vierzig,
zur Herde legt der Hirt sich.

5 mal 5 ist fünfundzwanzig,
über Moor und Sümpfen tanz' ich.

5 mal 6 ist dreißig,
die Kinder suchen Reisig.

5 mal 7 ist fünfunddreißig,
die Köpfe von den Rümpfen beiß' ich.

5 mal 8 ist vierzig,
Karl hat den Hund geschirrt sich.

5 mal 9 ist fünfundvierzig,
lustig in die Sümpfe stürz' ich.

5 mal 10 ist fünfzig,
die Mädchen stricken Strümpf' sich.

6 mal 6 ist sechsunddreißig,
treffliches Gewächs, das preis' ich.

6 mal 7 ist zweiundvierzig,
o wie freut, juchhei!, der Wirt sich.

6 mal 8 ist achtundvierzig,
leicht man bei der Nacht verirrt sich.

6 mal 9 ist vierundfünfzig,
die Nase riecht das Tier und rümpft sich.

6 mal 10 ist sechzig,
wenn andre singen, krächz' ich.

7 mal 7 ist neunundvierzig,
Rattenschwanz allein verwirrt sich.

7 mal 8 ist sechsundfünfzig,
flüchtend stürzt Eidechs in Sümpf' sich.

7 mal 9 ist dreiundsechzig,
nach der Quelle schrei' und lechz' ich.

7 mal 10 ist siebzig,
das Taubenpärchen liebt sich.

8 mal 8 ist vierundsechzig,
Spanier freu'n am Stiergefecht sich.

8 mal 9 ist zweiundsiebzig,
Reineke ist scheu und schiebt sich.

8 mal 10 ist achtzig,
ablöst am Turm die Wacht sich.

9 mal 9 ist einundachtzig,
bei Würzburg zeigt der Main voll Pracht sich.

9 mal 10 ist neunzig,
die wilden Rosse scheu'n sich.

10 mal 10 ist hundert,
der Pfau sich selbst bewundert.

## Kasperl bei den Menschenfressern

Hier auf dem großen, weiten Meer
viel Schiffe segeln hin und her;
aus Indien und Amerika,
aus Asien und Australia.
Mit Waren aller Art beschwert,
die in Europa man begehrt,
zieh'n stolz sie auf dem Ozean,
die Maste, Segel, Wimpel dran.
Kanonenboote gibt es auch,
draus schauet mancher eh'rne Schlauch,
und mit den sogenannten Ehrenschüssen
die Schiffe sich begegnend grüßen.

Oft aber sausen Kugeln schwer,
kommt ein Seeräuber übers Meer,
da kracht's und blitzt's, manch Schiff verbrennt,
wenn durch den Kiel die Kugel rennt,
die Pulverkammer fliegt entzwei,
und Schiff und Mann sind bald wie Brei!

Noch ärger ist's, wenn auf der See
ein Sturm entsteht, da heißt's o weh! –
denn oft versinkt ins nasse Grab
das stolze Schiff mit aller Hab'.
Da rennen sie durch Trepp' und Kammern,
man hört nur schreien, stöhnen, jammern,
das Rettungsboot wird abgelassen,
wie kann das alle Mannschaft fassen?
Sie stoßen, wälzen, drängen sich,
es ist ein Anblick fürchterlich!
So schieden aus dem Vaterland
schon viele, die der Tod bald fand,
als sie, um Schätze zu gewinnen,
zu Schiffe zogen weit von hinnen!

Laßt euch nun ein Geschichtchen sagen,
das sich mit Kasperl zugetragen,
als eine Seefahrt er gemacht
und aber doch nichts heimgebracht.
Kurz! Kasperl schwimmt auf einem Kahn
dort durch den großen Ozean.

Am andern Ufer, denkt er, gleich
werd' ich in vierzehn Tagen reich;
denn dort liegt Gold wie Sand am Meer,
das schlepp' ich nach Europa her.
Kaum ist der Kasperl mitten drin,
schießt gleich auf ihn ein Walfisch hin
und öffnet seinen Rachen weit,
der einen Strahl von Wasser speit;
drauf tut er einen großen Ruck,
verschlinget Kasperl auf ein' Schluck.
Der rutscht sogleich in seinen Magen,
was ihm jedoch nicht will behagen.

Er springt und stößt im Bauch so sehr,
daß es dem Fisch gefällt nicht mehr.
Der speit ihn schon nach einer Stund'
hinwiederum aus seinem Mund
auf eine Insel an den Strand –
ein gänzlich unentdecktes Land.

Herrjemine, Herrjemine!
Wie tut dem Kasperl alles weh,
weil er so daliegt auf dem Bauch
ganz miserabel bei einem Strauch;
zerrissen sind die Höslein sehr,
und auch sein Magen ist ganz leer!
Er reißt die Haar' sich aus dem Schopf,
schreit, was er kann, aus seinem Kropf:
„Zu Hilf', zu Hilf'! – Wo bin ich, ach!
Zu hungern ist nicht meine Sach!
Wer schafft mir eine gute Wurst!
Wer löscht mit Bier mir meinen Durst!
Zu Hilfe, zu Hilfe!"

Auf dies Geschrei kommt gleich ein Haufen
von Menschenfressern hergelaufen,
und wie sie Monsieur Kasperl seh'n,
sie ganz verwundert bleiben steh'n.
Doch weil sie Menschenfleisch bald riechen,
sie allgemach ihm näher schlichen,
sie packten ihn bei seiner Hos',
was Monsieur Kasperl sehr verdroß,
und schleppten ihn, obgleich er schreit,
in ihre Höhle gar nicht weit.
Dort brennt ein großes Bratenfeuer,
das ist fürwahr gar nicht geheuer.
Sie setzen ihn in eine Eck'
an einen pechschwarzdunklen Fleck,
wo Kasperl nun ganz ungeniert
wie hier folgt traurig meditiert:
„O, o, o!
Wo, wo, wo –
sitz' ich nun im finstern Loch
bei den Menschenfressern noch!
O, o, o!
So, so, so,
geht es nun mir armem Tropf,
ich verliere wohl den Kopf!
Ach, ach, ach,
krach, krach, krach –
meine armen, armen Knochen
werden bald am Bratspieß kochen!
Hui, hui, hui,

pfui, pfui, pfui!
Ach! sie werden mich transchieren
und dann gräßlich schnabulieren!
O, o, o!
So, so, so,
hätt' ich das zuvor bedenket,
würd' ich nicht so sehr gekränket!"
Hierauf verfiel aus Herzenskummer
der Kasperl in den tiefsten Schlummer.

Als Kasperl wieder wach geworden,
sieht er die wilden Menschenhorden
um ein großmächtig Feuer sitzen
und einen langen Bratspieß spitzen,
wobei mit gräßlichem Geschrei
sie singen diese Melodei:
„Spissi spassi Casperladi
Hicki hacki Carbonadi
Trenschi transchi Appetiti
Fressi frassi fetti fitti
Schlicki schlucki Casperluki

Dricki drucki mameluki
Michi machi Casperlores
Spissi spassi tschu capores."
Nun ward dem Kasperl etwas übel;
sie stecken ihn in einen Kübel,
der war gefüllt mit Walfischschmalz,
drin wird gerieben er mit Salz,
wie man's mit einem Hering macht,
wobei die Wilden sehr gelacht!
Ihm aber war's nicht lächerlich,
vielmehr etwas abstecherlich.
Die Menschenfresser legen ihn
ins Freie ans Gestade hin,
damit im warmen Sonnenschein
das Salz und Fett wohl dringe ein.
Sie kauern selber nieder sich
und schnarchen alle fürchterlich.
Glaubt's: So ein Menschenfresserschnarch
war auch dem Kasperl wohl zu arg;
der zittert voller Angst und bebt
und danket Gott, daß er noch lebt.

Doch was geschieht? Wie wunderbar!
Hoch in den Wolken schwebt ein Aar;
vom Fettgeruche angezogen
kommt er auf Kasperl losgeflogen,
packt bei dem Höslein schnell ihn an
mit seinen Krallen, so fest er kann,

erhebt sich mit ihm übers Meer,
zu fliegen hin, wo er kam her.
So war es doch für Kasperl besser,
als wenn ihn brieten die Menschenfresser,
daß ihn der Adler in einem Flug
zurücke nach Europa trug.
Auf eines hohen Berges Spitze
setzt er ihn hin samt seiner Mütze
und schwebt dann wieder weiter fort
zu seiner Brut im Felsenhort;
er will wohl seinen Jungen sagen,
daß einen Fraß er heimgetragen.

Nun war der Kasperl in Gefahr,
daß ihn auffrißt der Adler Schar!
Doch er besinnt sich gar nicht lang
was er zur Rettung nun anfang';
sogleich legt er sich auf den Buckel
und tut nur ein ganz kleines Ruckel,
er kollert, rollert überzwerch
in einem Hui hinab den Berg

und lieget unten in einer Schlucht,
dieweil der Aar ihn droben sucht.
Am ganzen Leib voll blauer Flecken
tut Kasperl hin und her sich strecken,
doch weil sein Magen ziemlich leer,
ißt er im Walde Heidelbeer.
Erfrischt, erquickt geht er nun weiter,
begegnet sodann einem Reiter,
der nimmt ihn hinter sich aufs Pferd,
da er es höflich hat begehrt.
Nun geht es in Galopp und Trab
durch Wälder und bergauf, bergab,
bis Kasperl an sein Haus gelangt,
wo ihn Frau Gretl froh empfangt,
und auch die jungen Kasperlen
von weitem aus dem Fenster seh'n.
Entgegen läuft ihm klein und groß,
und er steigt ab von seinem Roß,
und alles aus dem ganzen Haus
setzt sich voll Freuden zu dem Schmaus!

## *Kasperl auf der Jagd*

Der Kasperl, auch Hanswurst genannt,
von allen Kindern wohlgekannt,
wollt' eines Tages jagen geh'n,
weil er's von andern hat geseh'n.
Hat einen Ranzen umgetan
und eine Flinte ohne Hahn,
auch eine Flasche Branntewein,
so macht er sich denn auf die Bein'.
Pulver und Blei hat er zu Haus gelassen,
denn damit ist nicht gut zu spaßen.

Gleich auf der Wies' ein Hase hocket,
da ist der Kasperl sehr erschrocket.
Ein Has', das ist ein grimmig Tier;
der Kasperl setzt sich nieder hier,
er muß vor Schrecken etwas schnaufen,
denn der Has' ist gleich davongelaufen.
Der Kasperl hat gewaltig Durst,
drum zieht er eine Leberwurst
aus seiner alten Waidmannstasche,
setzt an den Mund die Branntweinflasche
und hat so lang, so lang getrunken,
bis er in sanften Schlaf gesunken.

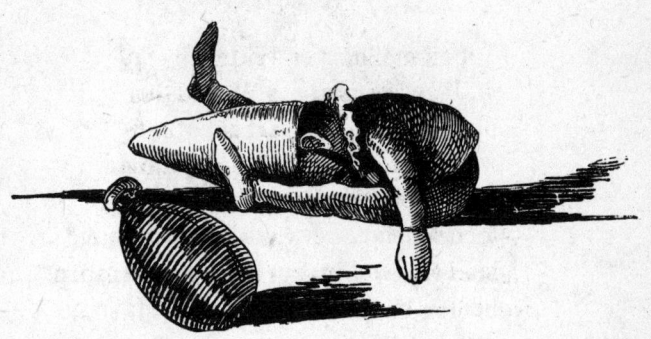

Nachdem er geschlafen die ganze Nacht
ist er dann wieder aufgewacht,
denkt sich: „Was ist die Jagd beschwerlich
und für den Menschen so gefährlich!"
Nimmt auf den Buckel sein Gewehr
und streifet wieder hin und her.

Auf einmal hört er Tritte schwer,
ein Jäger kommt des Wegs daher
mit einem langen Bart am Mund
und einem schwarzen Hühnerhund.
Der Jäger schreitet ganz bedächtig,
doch scheint er etwas sehr verdächtig,
denn an den Fingern die langen Krallen
die woll'n dem Kasperl nicht gefallen;
auch hat er einen langen Spieß
und zwei ganz sonderbare Füß'.
Der Kasperl stellt sich gleich der Quer
und fragt den Jäger: „Wer ist Er?"
Der aber spricht kein einzig' Wort,
spazieret stumm des Weges fort.
Dem Kasperl wird nicht gut zu Mut
beim Jäger mit dem grünen Hut.

Nein, sagt der Kasperl, so etwas,
das ist fürwahr ein schlechter Spaß.
Und läuft vor Angst über Stock und Stein
schnurstracks in den nächsten Wald hinein.

Im Walde sind aber der Bäume so viel,
daß es dem Kasperl wird ganz schwül,
und endlich wird's finster ganz und gar,
weil er bis abends gelaufen war.
Dies ist die kohlpechrabenschwarze Nacht,
die Kasperl im Walde zugebracht.
„Schwarze Nacht, so schwarzes Dunkel,
in dem kein lieblich Sterngefunkel,
o Nacht, so schwarz wie Kohl' und Pech,
o Nacht, wärst du nur wieder weg!

Im Dunkeln kann so viel gescheh'n,
was man mit Augen nicht mag seh'n;
o schwarzer Wald, o dunkle Nacht,
du hast mich in die Patsch' gebracht!

Da sitz' ich nun in Angst und Pein
und seufze nach dem Mondenschein;
wär' ich nicht 'gangen auf die Jagd,
läg' ich im Bette diese Nacht!"
So hat der Kasperl sich gedacht
in dieser kohlpechschwarzen Nacht.

Doch bei dem nächsten Morgenschein
macht er sich wieder auf die Bein'.
Nun ist ihm wieder froh zu Mut,
er pfeift und singt, schwingt seinen Hut.
Wu! Plötzlich brummt und brüllt es so,
daß Kasperl laut aufschreit: „Oho!"
Und richtig zottelt auf ihn los
ein schwarzer Bär, so riesengroß,
daß Kasperl gleich aus Furcht und Schrecken
sich hinter einen Baum tut stecken.

Zum Glück der Bär ihn da nicht sieht,
sonst biß er ab ihm manches Glied,
denn daß die Bären Menschen fressen,
die in dem Wald ganz ruhig gesessen,
wie ihr es habt schon oft gelesen,
wär hier wohl auch der Fall gewesen.
Der Bär geht seinen Weg entlang,
dem Kasperl ist nun nicht mehr bang,
doch läuft er über Hals und Kopf,
als wollt' ihn nehmen wer beim Schopf,
läuft, läuft in einem Saus und Braus,
bis er steht vor der Tür zu Haus.
Nun ist die Geschicht' zu End',
der Kasperl macht sein Kompliment.

## Pocci – Künstler und Kinderfreund

Es wäre zu wünschen, daß allem Zeitwandel zum Trotz das Gedenken an Pocci lebendig bleibt, daß er den Kindern von heute und morgen den Scherz, die Heiterkeit, das strahlende Vergnügen, das er den Kindern von gestern so liebevoll geschenkt hat, noch lange vermittelt" – das hat sich Eugen Roth einmal nachdrücklich gewünscht; wir schließen uns dem gern an und legen deshalb hier eine Auswahl aus dem zeichnerischen und dichterischen Werk dieses so liebenswerten Münchner Spätromantikers vor, wobei wir uns vor allem auf seine zahlreichen Beiträge für die „Münchener Bilderbogen" gestützt haben.

Franz Graf von Pocci, italienischer Herkunft, lebte von 1807 bis 1876 in München und diente (nach einem standesgemäßen Jura-

Studium), sozusagen hauptberuflich, am Hofe dreier bayerischer Könige – Ludwigs I., Maximilians II. und Ludwigs II. – als Zeremonienmeister (er mußte darüber wachen, daß Festlichkeiten am Hof ihren vorgeschriebenen Gang nahmen), Hofmusikintendant und zuletzt als Oberstkämmerer (das heißt, er hatte zu allen königlichen Gemächern Zutritt). Am Hof geschätzt, begleitete er die königliche Familie sogar mehrmals nach Italien.

Das allein wäre natürlich kein Grund, diesen Grafen nachhaltig im Gedächtnis zu behalten – er war auch und wohl vor allem Zeichner, Dichter und Komponist mit schier unerschöpflicher Fantasie und voll sprudelnder Einfälle. Man sagt, er habe kein Fetzchen Papier liegen sehen können, ohne es nicht zum Zeichnen zu benutzen.

Die Kinder waren seine besten Freunde – für sie vor allem zeichnete er Ritter und Burgen, Teufel, Zauberer und Zwerge, Hofleute, Kinder und immer wieder seinen geliebten Kasperl; und für sie schrieb er Märchen, Lieder, Gedichte, Sprüche, Kasperlkomödien und vieles andere mehr. Aber Pocci war auch ein recht bedeutender Karikaturist; seine Lust am Überzeichnen der Wirklichkeit schloß die ihn umgebenden Hofbeamten ebenso ein wie seine eigene Person: Genüßlich hat er sich einmal selber als Esel in Livree dargestellt ... Er hat seine Feder aber nie gespitzt, um ernsthaft zu verletzen.

Für einen Freund Poccis war es immer „eine Lust, ihm zuzuschauen, wie der Stift oder die Feder mit dem Gedankenstrome um die Wette lief"; dabei ging es dem kunstsinnigen Hofbeamten meist weniger um die ausgewogene Komposition seiner Blätter – er wollte den Kindern mit humorvollen, erheiternden Szenen, die er mit leichter Hand aufs Papier warf, Freude bereiten. Ihnen war er herzlich zugetan; darum erscheint uns seine Naivität niemals gekünstelt, denn sie korrespondiert mit der ihren. Daß das Moralisierende auch seinen Platz bei Pocci hat, liegt an seiner Zeit (wir haben unsere Auswahl weitgehend davon freigehalten); und seine enge Verknüpfung mit dem königlichen Hof hat es sicherlich nicht zuletzt mit sich gebracht, daß es in seinem Werk eine Arme-Leute-

Welt nicht gibt. Gelegentliche Hinweise darauf bleiben im vordergründigen Romantisieren stecken: „Arme Kinder leiden Not,/bitten um ein Stücklein Brot./Nun, so gebt, die ihr was habt,/glücklich, wer die Armut labt."

Daß Pocci trotzdem im besten Sinne volkstümlich war, beweist die lang anhaltende Beliebtheit und früher weite Verbreitung seines Werkes. Ein freundliches Licht wirft in dieser Beziehung der Nachruf von Isabella Braun auf ihn, der Herausgeberin der „Jugendblätter", einer Zeitschrift, die viel von Pocci veröffentlichte: „Vor welchem Münchner Kinde stände nicht leibhaftig seine hohe, schlanke Gestalt mit dem langen, schmalen, wohlrasierten Gesichte, dessen graue Augen so geistvoll und freundlich durch die Brille schauten, wie er noch in seinen späten Tagen leichtbeweglich dahinschritt, alles rasch beachtend, festgehalten von Bekannten, oder im Vorübergehen einen Scherz zurufend, wohl auch hinterrücks eifrig plaudernde Schulmädchen an der Haarflechte ziehend oder losen Buben einen gelinden Klaps mit dem Stocke versetzend zum höchsten Jubel des glücklichen Empfängers." (Auf Seite 53 kann man ihn betrachten – er hat sich dort als Lehrer porträtiert.)

Die vielfältige Leichtigkeit seiner Poesie überdeckt, daß Pocci durchaus eine „komplizierte Natur" war, beinahe schlagartig Stimmungen unterworfen. Seinen privaten Aufzeichnungen vertraute er an, daß „ich bei größerer Ausdauer und gründlicherer Selbstbildung und einer gewissen Konzentration meiner Mittel Bedeutenderes hätte leisten können. Ich war aber zumeist zersplittert und ließ vieles, was ich mit Begeisterung erfaßt hatte, bald wieder liegen..." Er spricht auch von dem „bitteren Bewußtsein der Unvollkommenheit" seiner künstlerischen Leistung. „Allein, die Phantasie hatte sich meiner wie ein Dämon bemächtigt; ich übersprudelte an malerischen und musikalischen Ideen, deren keine die andere zur vollen Entwicklung und Geltung kommen lassen wollte."

Pocci hat zwar nie die Popularität vieler seiner Zeitgenossen – Menzel, Doré, Schwind, Cruikshank, Busch oder Richter (der ihn bewunderte und bekundete, daß dieser „höchst anregend" auf ihn gewirkt habe) erreicht, aber er gilt heute unstreitig als Neuerer des illustrierten Kinderbuches: Für ihn waren Text und Bild eine Einheit, so daß er höchst anmutig seine Bildchen zwischen die eigenen oder fremden Texte streuen konnte: So trat er mit dem Kind in einen Dialog.

Wie es bis etwa Mitte des 18. Jahrhunderts keine den Kindern entsprechende Kleidermode gab – das Kind war das Abbild des Erwachsenen –, so gab es auch noch keine Kinderbücher im heutigen Sinne. Erhabene Belehrung und Vermittlung von Moral dominieren in den damaligen Texten. Das 19. Jahrhundert brachte dann eine ungewöhnlich rasche und üppige Entfaltung des „neuen", des kindgemäßen Kinderbuches: Vor allem Märchen, Fabeln, „Volksbücher" und alte, vielgesagte Reime wurden vor dem Versickern gerettet und, ebenso wie neue, eigens für die Jugend verfaßte Texte, aufs schönste bebildert. Illustrierte Kinderbücher des 19. Jahrhunderts rufen bei uns heute höchstes Entzücken hervor und sind zu vielbegehrten Raritäten geworden; sie machen sehr deutlich, wie nah man dem Kind mit dem Buch damals kam. Und noch etwas war neu: der Humor in den Büchern für Kinder, von Autoren, Zeichnern und Verlegern endlich als eines der entscheidenden Ingredienzien für ein erfolgreiches Kinderbuch erkannt. Auch hierfür sind Poccis Bücher köstliche Beispiele.

Vieles aus Poccis umfangreichem Werk erscheint uns heute recht harmlos, oft zu gelegentlich, um es wieder hervorzuholen, aber seine Lieblingsfigur, der Kasperl mit der riesigen Knollennase, ist springlebendig wie eh und je. Poccis Wunsch war es, mit seinen Kasperlstücken „durch Ernst und Scherz die jugendlichen Gemüter zu beleben und zu erfrischen". Und die Kinder folgten ihm gern, sie waren sein bestes Publikum – ihnen bot er, immer mit einem Augenzwinkern, Derbes und Romantisches, Feen, Zauberer und vor allem eben den unbesiegbaren Erzoptimisten Kasperl, dessen Geburtsort übrigens – hier sei's verraten – „zwischen St. Niklas und Nimmermannstag grad' eine Viertelstunde hinter dem ersten April" liegt. Als Papa Schmid, ein berühmter Münchner Puppenspieler, 1858 das erste Münchner Marionettentheater mit einem Stück von Pocci eröffnete, war das eine Sternstunde für alle Beteiligten. Für die erste

Vorstellung malte Pocci eigenhändig die Dekorationen und entwarf er die Plakate und selbst die Eintrittskarten. Der Kasperl ist seine populärste und „erfolgreichste" Figur geblieben und schon auf vielen Puppentheaterbühnen der Welt zu Gast gewesen. Poccis Spitzname, „der Kasperlgraf", ist darum durchaus als Kompliment zu verstehen.

Noch ein Wort zu den „Münchener Bilderbogen": Diese mit einfarbigen oder kolorierten Holzstichen geschmückten Einblattdrucke erschienen zwischen 1849 und 1898 in 1220 Nummern. Sie waren – im Gegensatz zu Bilderbogen aus anderen Verlagen – vor allem für Kinder gedacht und boten eine breite Themenpalette: neben Kulturhistorischem, Fabeln, Märchen und lustigen Bildgeschichten, Szenen aus dem Kinderleben und vieles mehr. Zusammen mit Schwind, Speckter und Busch etwa war unser Graf einer der gewichtigsten Mitarbeiter.

Pocci ist so sehr in seiner Zeit verwurzelt, daß die Frage nach seiner Aktualität müßig ist. Auch daß sein Werk nicht die aufkommenden politischen und sozialen Strömungen widerspiegelt, ist ihm nicht zum Vorwurf zu machen. Pocci ist ein Meister der kleinen Form und muß nicht erst aus olympischen Höhen wieder zu uns herabsteigen; seine leichte Feder und sein bürgerlich-freundlicher Humor sind zeitlos. Natürlich erleichert unser verstärktes Interesse am 19. Jahrhundert die Begegnung des Kasperlgrafen mit den Kindern und Eltern des späten 20. Jahrhunderts erheblich, aber jemandem, der von sich ehrlicherweise sagt, daß er „nur ein Vogel im Walde" sei, „der für die Leute so dahinpfeift", sind unsere Sympathien allemal und nachhaltig sicher.

René Rilz